PUY-DE-DÔME

I0232994

LJ 57
4898

BLANC OU ROUGE

BLANC OU ROUGE

PAR

JOANNÈS GUETTON

Auteur de *Six Mois de Drapeau rouge à Lyon*
Ancien rédacteur au Journal *la Décentralisation*
Directeur de la *Gazette d'Auvergne*

« *Qui n'est pas avec vous est contre moi.* »

BIBLIOTHÈQUE NATIONALE R.F. IMPRIMÉS

PARIS

ÉMILE VATON, LIBRAIRE-ÉDITEUR

77, Boulevard Saint-Germain, 77

1874

BLANC OU ROUGE

Pourquoi nous avons écrit ce qu'on va lire.

C'était à l'occasion du Vendredi-Saint. dernier : confondu, au pied de la chaire, dans les rangs d'une foule pieusement avide, nous écoutions avec elle le récit de la Passion du Sauveur, ce récit séculaire toujours sublime dans sa simplicité, toujours émouvant dans son éloquente fidélité, toujours instructif dans ses enseignements divins.

Nous écoutions l'orateur sacré redire, dans un magnifique langage inspiré par la grandeur du sujet lui-même, toutes les péripéties de cette agonie effroyable de l'Homme-Dieu; nous l'entendions rappeler l'ignoble choix du peuple juif

en faveur de Barrabas ; nous l'ouîmes surtout
évoquer cette clameur bestiale d'une tourbe hai-
neuse en délire : *Nolumus hunc regnare super
nos;* nous ne voulons pas de celui-là pour régner
sur nous !

Imprécation brutale de ce qui est petit contre
ce qui est grand ; cri spontané de la bêtise —
envieuse par nature et par condition — contre
tout ce qui s'élève au-dessus d'elle ; rugissement
du crime en face de la vertu !

Nolumus hunc regnare super nos !...

Malgré nous, à cette parole qui éclatait
bruyante de la chaire au-dessus de notre tête,
dix-huit siècles après avoir été jetée aux échos
de l'histoire pour la première fois, notre pensée
se reporta vers un spectacle plus rapproché de
notre temps, notre œil s'abaissa sur un horizon
plus terrestre, et un rapprochement involontaire
se fit dans notre esprit, autant qu'un rapprochement est possible entre les choses du Ciel et
celles de la Terre.

Ce rapprochement nous suscita des réflexions
nombreuses et, le soir même, dérobant au repos
de la nuit des loisirs et un silence que nous refuse
impitoyablement le labeur de chaque jour, nous
écrivîmes les pages qu'on va lire.

— Mais, nous objectera quelqu'un, à quoi bon
éditer une brochure spéciale pour mettre au

monde vos réflexions ? N'avez-vous pas précisément à votre portée un journal où ces réflexions
trouveraient tout naturellement place ?

— Qui que vous soyez, indiscret questionneur
qui nous arrêtez dès les premières lignes par cette
interrogation naïve, permettez-nous de vous dire
qu'il faut que vous connaissiez bien peu les exigences de notre profession pour en parler aussi à
votre aise.

— Comment ?... Est-ce qu'un journal n'est pas
un champ-clos où quotidiennement l'écrivain
peut revendiquer les droits de la cause qu'il sert ;
où il peut développer sous la forme qui lui convient les idées qu'il juge bonnes et profitables;
où il peut critiquer et discuter les thèses adverses,
attaquer ce qui lui paraît mal, redresser les erreurs et les torts, en un mot se mouvoir librement et rompre des lances autant qu'il lui plaît?

— Oui, sans doute, infatigable contradicteur,
un journal est un peu tout cela, mais non pas
dans des limites aussi vastes que les développe à
l'envi votre imagination complaisante.

Vous n'êtes pas sans savoir que si la liberté de
la presse existe de nom, il s'en faut qu'elle existe
absolument de fait.

Ignorez-vous que les dispositions légales ou
administratives, qui réglementent et régissent la
presse, sont aussi élastiques que les convictions

du *Journal des Débats*, pour n'en citer qu'un en passant ?

Avez-vous donc oublié qu'un journal peut être suspendu ou se voir interdire la vente sur la voie publique pour avoir inséré un article qu'une feuille d'un autre département — d'un département limitrophe parfois — aura pu publier sans encourir aucun désagrément ?

C'est là une première considération dont vous serez assez raisonnable pour nous accorder le bien-fondé, n'est-ce pas ?

— Assurément !

— Pourtant, ce n'est pas tout.

Outre qu'il est de justice élémentaire, ainsi que d'une gestion consciencieuse et bien entendue, de ne pas vainement compromettre les intérêts d'une feuille dont on a la direction, et, partant, la responsabilité, il est nécessairement aussi certaines exigences locales dont il faut savoir tenir compte sous peine de voir péricliter l'ensemble d'une œuvre importante et salutaire.

Ce n'est pas à dire par là qu'on doive jamais rien sacrifier des grands principes générateurs ; mais il est de petits détails, certains coups de plume, quelques piquantes vérités qu'on peut et qu'on doit, dans l'intérêt de la cause, adoucir ou même indéfiniment ajourner, afin de ne pas

heurter trop rudement nombre d'oreilles déli-
cates et chatouilleuses, souvent fort peu conti-
nentes dans l'intimité du tête-à-tête, mais
promptes à se scandaliser et prudes en diable
coràm populo.

Miss rougissantes de la politique, elles crient
shoking au moindre mot. Avec elles, impossible
d'appeler chat un chat et Rochefort un gredin.

A les entendre, cette vérité n'est pas bonne à
dire, ou bien elle est inopportune — inopportune,
le grand mot qui répond à tout!

Cette autre vérité peut être dite à la rigueur;
mais, de grâce, couvrez-la d'un fichu, entourez-la
de miel, saupoudrez-la de sucre! La foorme! la
fooorme!

Dans une brochure, au contraire, l'écrivain n'a
pas les mêmes ménagements à garder; là il est
pour ainsi dire chez lui, ne dépendant que de
Dieu et de sa conscience, auquel cas il ne risque
par conséquent ni le tribunal correctionnel ni la
cour d'assises.

Si on ne veut pas de sa brochure, on la laisse;
si on y trouve plaisir ou profit, on la lit et on la
fait lire.

Liberté entière de part et d'autre.

C'est ce qui nous a engagé, d'abord à écrire
ces quelques pages, et ensuite à les livrer au public sous cette forme.

D'aucuns y trouveront à redire, cela va de soi ; certains modérés à outrance ne manqueront pas de qualifier notre œuvre d'intempestive et de nous taxer d'exagération, sinon d'illuminisme.

Peu nous importe.

Nous serons largement dédommagés de ces criailleries par les sympathies de l'immense majorité catholique et royaliste.

Il nous a semblé, d'ailleurs, que l'occasion était favorable pour mettre cette idée au jour :

L'Assemblée nationale est en vacances et la politique chôme forcément ; dans ce silence momentané, notre humble voix a la chance de ne pas être totalement étouffée.

En tous cas, quoi qu'il arrive, on ne pourra se refuser à reconnaître dans ces pages les accents d'un patriotisme sincère ; on y trouvera un amour ardent de la vérité, un désir immense de voir notre pays revenir à elle et reprendre les glorieuses traditions qui ont fait, pendant si longtemps, sa grandeur et sa prospérité.

Nous avons eu, pour nous guider dans notre tâche, le rayonnement de cette devise si française, qui, semblable à la nuée lumineuse des Hébreux dans le désert, inspira nos aïeux et doit continuer à faire notre règle de conduite :

DIEU ET LE ROI.

I

Pourquoi la Restauration monarchique ne s'est pas faite en 1871

BORDEAUX

Nous avons encore présent à l'esprit le souvenir des élections de février 1871.

Le pays, brisé de douleur et de fatigue, couvert de ruines et de sang, haletait à la fois sous le pied du Prussien et sous la griffe du Quatre-Septembre. Pourri par l'Empire, meurtri par la guerre, souillé par la République, il eut à ce moment un éclair de raison, une lueur de franchise.

C'est alors qu'il nous fut donné d'assister à une imposante manifestation de l'honnêteté publique; car c'est alors que la France, appelée au scrutin, nomma librement et comme par acclamation l'Assemblée nationale.

Il y avait longtemps que cette pauvre France

avait désappris à prononcer les noms que le suf-
frage universel fit retentir, d'un bout du pays à
l'autre, en février 1871. Ces noms, les plus beaux
et les plus respectés de notre vieille aristocratie
française, ils sortaient à flots pressés des urnes
de la ville comme de celles de la campagne.

Oui, ce fut là un beau spectacle !

Nos vainqueurs de la veille le contemplèrent
avec stupéfaction.

L'Europe entière prêta l'oreille à cette voix
qui redevenait française, après avoir été tour à
tour bonapartiste et républicaine.

Et nous, Français, nous tressaillîmes de fierté
et d'espoir en arrêtant nos regards sur Bordeaux,
sur cette Assemblée vraiment nationale, où notre
œil pouvait se reposer tranquille, sans craindre
d'avoir à n'y rencontrer que des Rochefort, des
Crémieux ou des Glais-Bizoin.

Au milieu de nos douleurs et de notre deuil, ce
nous fut une immense consolation.

La France, abjurant ses erreurs, répudiant so-
lennellement toute alliance avec les despotes
et les charlatans politiques, revenait franche-
ment, cordialement, sans arrière-pensée, à cette
solution qu'elle comprenait d'instinct devoir être
la seule possible, la seule capable de la retirer de
l'abîme : la solution monarchique.

Qui oserait nier qu'à cette époque le pays eût

sur les lèvres comme dans le cœur, un autre cri
que celui de : « Rendez-nous le Roi ! »

Est-ce vous, partisans d'un régime enterré à
Sedan, est-ce vous qui tenterez d'élever une affir-
mation contraire?

Où étiez-vous en février 1871 ? Où eût-il fallu
se baisser alors pour trouver quelqu'un des vôtres?
Quel est l'homme qui se fût senti le courage d'af-
fronter le *tolle* du mépris public en disant tout
haut : « Je suis bonapartiste ? »

Vous qui aujourd'hui, spéculant sur l'oubli,
reprenez peu à peu votre audace des mauvais
jours, où étiez-vous quand l'Assemblée prononça,
à l'unanimité moins une voix, la déchéance des
Bonaparte ?

Et vous, généraux de brasserie, ministres d'al-
côve, préfets de contrebande, orateurs de barrière,
vous qui formiez la grande famille du Quatre-
Septembre, où vous cachiez vous , quand la
France, enfin rendue à elle-même, prononça
contre vous une condamnation éclatante en nom-
mant l'Assemblée la plus monarchique qu'il fût
possible de désirer?

Où ils étaient !... Hélas! ils n'étaient pas bien
loin, puisque trois ans à peine nous séparent de
cette époque, et déjà nous les voyons reparaî-
tre, non pas piteux, humbles et tremblants,
comme il conviendrait à de tels coupables, mais

le verbe haut, la pipe et la menace à la bouche.

A qui la faute de cette audace?

C'est ce que nous voulons établir sans parti-pris comme sans faiblesse, sans aigreur comme sans courtisannerie; nous n'écrivons ici ni pour dénigrer systématiquement, ni pour excuser platement, nous écrivons pour dire ce que nous croyons sincèrement la vérité.

Dès Bordeaux donc, à notre avis, l'Assemblée commit une faute en ne rétablissant pas immédiatement la Monarchie.

On nous dira de songer à la situation de la France à cette époque : un traité humiliant à signer, une paix désastreuse à conclure, la cession de l'Alsace à ratifier par le descendant de celui-là même qui l'avait conquise jadis à la France! C'était impossible, de toute impossibilité; c'était tuer la Monarchie dans son berceau !

Telle n'est pas notre opinion : nous croyons, nous, d'abord, que M. de Bismark eût traité sur d'autres bases avec Henri V qu'avec un Jules Favre.

L'histoire est là pour excuser, sinon pour légitimer et appuyer cette assertion.

N'est-ce donc pas un aïeul d'Henri V qui adoucit jadis pour la France le payement des dettes écrasantes léguées par le premier Empire?

Croit-on que le petit-fils n'eût pas obtenu tout

ou partie du résultat que l'aïeul avait atteint par le prestige de son nom et de son droit?

Disons plus :

Même au cas où les conditions eussent été aussi dures avec Henri V pour traitant qu'avec M. Jules Favre — ce qui est absurde à penser,— est-ce que le Roi ne possédait pas, dans le seul principe de son autorité, assez de force pour supporter les conséquences d'une situation que non-seulement il n'avait pas faite, mais encore qu'il avait tenté de prévenir par tous les moyens en son pouvoir?

On nous objectera peut-être, comme dernier argument, qu'en 1871 la réconciliation des membres de la Maison de France n'était pas opérée.

A cela nous répondrons — sans crainte d'être démenti, — qu'elle se fût faite sur les marches du trône.

Pourquoi-donc, en ce cas, l'Assemblée ne proclama-t-elle pas la Monarchie?

Hélas! l'Assemblée devait nous prouver, dès alors, qu'elle a malheureusement les défauts de ses qualités; pareille aux hommes qui sont la personnification de l'honnêteté, elle est, — comme le sont trop souvent ces hommes, — elle est faible.

C'est par un acte de faiblesse qu'elle débuta,

Combien nous l'avons payé cher, cet acte de faiblesse!...

Sans doute, si nos amis se trompèrent en cette
circonstance, ce fut, ainsi que dans toutes les
circonstances semblables, par excès de bonne foi
et dans toute la sincérité de leur cœur.

Ne se sentant pas le courage de rétablir tout
de suite cette Monarchie sur laquelle tous nous
comptions et la France avec nous, ils s'avisèrent
d'un expédient transitoire; pris comme à l'im-
proviste par le vœu général et pressant du pays,
ils voulurent se donner le temps de la réflexion.

Ce fut là leur malheur et le nôtre.

M. Thiers nous le fit bien voir.

M. THIERS

Nous convenons sans peine qu'à cette époque
M. Thiers avait, autour de sa petite tête, une façon d'auréole bien faite pour séduire à première
vue les honnêtes gens ou les naïfs qui n'y voient
pas plus loin que leur nez.

M. Thiers avait prévu les désastres de 1870 ;
à peu près seul du Corps législatif, il s'était, au
prix de sa popularité — on sait pourtant si elle
lui est chère! — opposé à une guerre au bout
de laquelle il pressentait Sedan.

Pendant la guerre elle-même, il avait trouvé

dans son patriotisme assez de courage pour aller
frapper, — inutilement, il est vrai — en faveur
de la France, à la porte des Cabinets européens.

Enfin, en 1871, M. Thiers arrivait à l'Assemblée envoyé par un nombre considérable de dé-
partements.

C'était là, nous le répétons, plus qu'il n'en
fallait pour faire perdre la tête à bien des gens,
portés par nature à l'embrassade.

Mais ce qu'on n'aurait pas dû oublier, même
en se souvenant de tout ce que nous venons d'é-
numérer — et sans avoir à encourir le reproche
d'ingratitude, — c'était l'ancien ministre de
Louis-Philippe, le commanditaire de Deutz, la
cheville ouvrière de la rue de Poitiers, l'auteur
de l'*Histoire du Consulat et de l'Empire;* — ce
que l'on n'aurait pas dû oublier c'est l'homme
qui n'avait jamais su que mordre la main de ses
bienfaiteurs, l'homme invariablement fatal à tous
les pouvoirs qu'il avait *servis*; ce qu'on n'aurait
pas dû oublier enfin, c'était l'ancien rédacteur du
Constitutionnel, le septicisme politique in-
carné, le vieil et incorrigible révolutionnaire
de 1830.

Voilà ce que nos amis auraient dû se rappeler
avant de nommer M. Thiers président de la *République*...

De la République!... ô amère dérision!...

Une Assemblée, qui avait été nommée en haine de l'Empire et de la République pour faire la Monarchie, et dont le premier acte était précisément de conférer à un révolutionnaire un titre où figurait le mot de République !...

Mais nous ne voulons pas nous appesantir davantage sur ce point; voyons à quels précipices celui auquel l'Assemblée s'était attelée ne tarda pas à la conduire.

Pour économiser momentanément la Monarchie, elle avait cru sage de faire un peu de République, ne fût-ce qu'en attendant: que le peuple a raison de dire dans son expressif langage : « Le bon marché est toujours cher ! »

VERSAILLES ET LA COMMUNE

L'Assemblée se transporta de Bordeaux à Versailles.

La Commune débutait.

Après la guerre étrangère, la guerre civile; après M. de Moltke, Cluseret !.. C'étaient bien des malheurs à la fois.

La France, qui commençait déjà à respirer un peu, se reprit à souffrir et à craindre.

Cependant que faisait M. Thiers ?

M. Thiers, investi d'un pouvoir quasi royal, se

faisait fort d'éteindre cet incendie naissant avec un verre d'eau.

A l'entendre, ces bons Parisiens étaient de doux agneaux; toute la question consistait à « savoir les prendre. »

Or, lui, M. Thiers s'entendait seul, et à l'exclusion de tout autre, à cette besogne.

Un mot de lui, l'annonce qu'il était toujours président de la République, et Belleville rentrait tranquillement au logis en un clin d'œil.

Quelques personnes, oubliant follement les mésaventures historiques de M. Thiers en semblables circonstances, firent fonds sur ces rodomontades criminelles.

Sans un brave officier qui prit sur lui de ne pas évacuer le Mont-Valérien, l'Insurrection, maîtresse de tous les forts de Paris, se rendait inexpugnable et faisait bientôt la loi à la France entière affolée.

C'était le moment ou jamais pour M. Thiers de montrer son talent de dompteur et de prouver comment il « savait prendre ces bons Parisiens doux comme des agneaux. »

M. Thiers s'essaya en effet à cette tâche : Rochefort répondit à ses avances par le pillage et la démolition de l'hôtel de la place Saint-Georges.

Pour le coup, le petit bourgeois se sentit frappé au cœur, et — quoique cette sinistre plaisanterie nous ait coûté un million,— se consola difficilement de la perte de ses « bibelots »

Dès lors, les « doux agneaux » devinrent d'affreux coquins, et, finissant par où il aurait dû commencer, M. Thiers fit canonner ferme et drû toute cette canaille.

Entre temps, il accueillait bien çà et là quelques députations des frères et amis de la province venues auprès de lui pour intercéder en faveur des « égarés, » mais c'était pour la forme; pendant cet intervalle, grâce aux efforts de notre vaillante armée, la Commune tombait enfin, et le drapeau rouge roulait dans la boue, sa mère et sa nourrice.

Cette chûte sanglante rendit au pays un peu de son espoir et de sa tranquillité.

Un cri retentit pour la seconde fois: le Roi! le Roi! nous voulons le Roi!

Le Roi seul, en effet, pouvait vraiment et efficacement fermer les plaies de la nation; le Roi seul pouvait assurer le repos du jour et la sécurité du lendemain; le Roi seul pouvait éteindre les haines et faire de la conciliation.

Mais M. Thiers était là, M. Thiers qui d'un mot réduisait au silence cette Assemblée dont il tenait ses pouvoirs; et ce mot, c'était celui de DÉMISSION.

Avec ce mot-là, M. Thiers calmait toutes les velléités de rébellion.

Sans doute, ces quatre ou cinq cents honnêtes gens ne se laissaient pas bâillonner sans protestation; de là parfois des révoltes subites mais passagères, des altercations violentes mais factices.

« Si vous ne faites pas ceci, si vous ne m'accordez pas cela, criait M. Thiers, je donne ma démission! »

Et à ce *quos ego* magique, tout rentrait dans l'ordre.

Pensez donc aussi! M. Thiers donner sa démission de président de la République! Mais à la seule idée de cette éventualité, il y avait de quoi frissonner tout d'une pièce et avoir des cauchemars affreux pendant plusieurs nuits de suite!

M. Thiers donner sa démission! Mais qui donc aurait pu le remplacer? L'ordre social eût été, par ce seul fait, remis en question!...

Il vint pourtant un jour où la mesure fut pleine et où le vase déborda. Ce fut

LE 24 MAI 1873.

Lorsqu'en se réveillant, la France apprit qu'elle était délivrée de celui qu'on a appelé si justement « le sinistre vieillard », ce fut un cri unanime de soulagement.

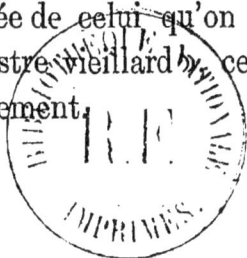

2

M. Thiers s'était comme écroulé sous lui-même. Il avait suffi à l'Assemblée de le toucher du bout du doigt pour que ce fantôme vermoulu s'évanouît en poussière.

Aussi l'Assemblée, étonnée de cette fragilité qu'elle semblait ne pas soupçonner, regardait-elle d'un œil ébahi ce petit grand homme devant qui elle tremblait tout-à-l'heure, sur qui elle avait soufflé et qui déjà n'était plus.

Tel l'enfant, après avoir éventré la peau du tambour dont le bruit l'effrayait si fort il n'y a qu'un instant, constate, étonné, que ce jouet si tapageur est tout simplement creux, — ignorant, dans sa simplicité, que ce sont les tonneaux vides qui rendent le plus de son quand on les frappe!...

. . . .

« M. Thiers finira au balcon de Mᵉ Gambetta comme il a commencé au balcon du feu comte Achille Vigier, à Grandvaux! » écrivait Alphonse Karr au mois de septembre de l'année dernière.

M. Thiers est en voie de justifier la prédiction du spirituel écrivain.

II

Pourquoi la Restauration monar- chique ne s'est pas faite en 1873

LE MARÉCHAL DE MAC-MAHON

De M. Thiers au maréchal de Mac-Mahon la transition était trop accentuée et trop heureuse à la fois pour ne pas exciter les applaudissements du pays tout entier.

Aussi apprit-on avec la joie la plus vive que le choix de l'Assemblée s'était porté sur celui qu'une parole royale devait, quelques mois plus tard, consacrer « le Bayard des temps modernes. »

Le maréchal de Mac-Mahon arrivait au pouvoir avec une double auréole, toute différente de celle de M. Thiers et celle-là au moins sans alliage : l'auréole d'une honnêteté incontestée et toute militaire, et l'auréole du courage malheureux.

Cependant, il se trouva des hommes politiques

pour regretter que l'Assemblée, une troisième fois hésitante, eût reculé, au 24 mai, devant une Restauration immédiate de la Monarchie; ceux-là regrettèrent, et — pourquoi le cacher? — nous regrettâmes avec eux, que le choix du maréchal de Mac-Mahon eût reçu un correctif par l'adjonction de M. de Broglie, considéré, à tort ou à raison, comme l'un des grands-prêtres de ce fatal Libéralisme catholico-politique, dont nous ne tarderons pas à avoir l'occasion de parler.

Néanmoins, chacun s'accordant en somme à regarder la nomination du Maréchal-président comme un acheminement à la Royauté, comme un pont jeté du provisoire à la Monarchie, ces appréhensions isolées et timides furent vite étouffées par l'expression du contentement général.

D'ailleurs, un événement immense devait bientôt dissiper tous les nuages et mettre le comble aux vœux de tous les vrais Français en leur donnant comme un avant-goût de la solution qu'il présageait et permettait d'espérer; cet événement était celui du

5 août 1873

Ce jour-là, M. le Comte de Paris se présentait à Froshdorf et abordait en ces termes Monsieur le Comte de Chambord :

« **Je viens vous faire une visite**
« **qui était dans mes vœux depuis**
« **longtemps. Je salue en vous, au**
« **nom de tous les membres de ma**
« **famille et en mon nom, non-seu-**
« **lement le chef de notre Maison,**
« **mais encore le SEUL représen-**
« **tant du principe monarchique en**
« **France. »**

La réconciliation dans le sein de la Maison de Bourbon, cette réconciliation si longtemps attendue et si ardemment désirée, venait enfin d'avoir lieu complète et entière, sans ambages et sans arrière-pensée, aussi loyale et aussi sincère qu'on pouvait l'espérer d'un prince tel que M. le Comte de Paris.

Comme galvanisée par la nouvelle de cet événement mille fois heureux, accompli par les soins de la Providence au moment où on s'y attendait le moins, la France jeta un long cri de bonheur et d'espoir.

Nos députés, entrés en vacances quelques jours auparavant, — le 30 juillet, — purent constater de *visu* et sur place l'enthousiasme produit par l'annonce de ce grand fait, et cette vue les remplit d'un légitime orgueil à la pensée que, trois mois plus tard, ils pourraient accomplir enfin leur mission en donnant satisfaction aux légitimes impatiences et aux espérances patriotiques du pays.

Les jours s'écoulèrent ainsi, apportant d'intervalles à intervalles de consolants échos de Froshdorf : hier c'était M. le prince de Joinville qui avait imité l'exemple de M. le Comte de Paris, aujourd'hui c'était M. le duc de Chartres, le lendemain M. le duc d'Alençon, puis M. le duc de Nemours...

Le 19 septembre, M. le Comte de Chambord, résumant ses précédentes Déclarations, prenait la plume pour réduire d'un mot les calomnies éhontées vomies chaque jour contre la Royauté par les organes radicaux et bonapartistes coalisés.

Il écrivait, à cette date, à M. de Rodez-Bénavent, député de l'Hérault :

« ... En être réduit, en 1873, à évoquer le fantôme de
« la dîme, des droits féodaux, de l'intolérance religieuse,
« de la persécution contre nos frères séparés ; que vous
« dirais-je encore, de la guerre follement entreprise dans
« des conditions impossibles, du gouvernement des prê-
« tres, de la prédominance des classes privilégiées ! Vous
« avouerez qu'on ne peut pas répondre sérieusement à des
« choses si peu sérieuses... »

Monseigneur ajoutait ces magnifiques paroles :

« ... Appliquez-vous surtout à faire appel à tous les
« honnêtes gens sur le terrain de la reconstitution so-
« ciale. Vous savez que je ne suis point un parti et
« que je ne veux pas revenir pour régner par un
« parti : j'ai besoin du concours de tous, et tous ont
« besoin de moi. »

Le 29 du même mois, à l'occasion de l'anniversaire de la naissance de M. le Comte de Chambord, près de 100 journaux de province publiaient simultanément une Adresse au Roi, où il était dit :

« ... Plus heureux qu'Henri IV, Henri V ne trouvera
« pas de Français armés contre lui ; mais il aura, comme
« le père des Bourbons..., par l'ascendant moral de son
« gouvernement en Europe, à rendre à la France son an-
« cienne suprématie... Il nous semble déjà apercevoir
« l'aurore d'un des règnes les plus brillants de notre
« histoire ; etc. »

Aussi, quand arriva le mois d'octobre, une véritable fièvre, la fièvre de la Monarchie, s'empara du pays impatient et trouvant trop long, au gré de ses désirs, le délai régulier qui le séparait du 5 novembre, date fixée pour la réunion de l'Assemblée nationale.

A notre avis, le pays avait raison : dans cette circonstance, son cœur l'éclairait fidèlement, et c'était vraiment le cas de dire : *Vox populi, vox Dei.*

Sans doute rien n'eût été à craindre si la réconciliation opérée le 5 août avait été aussi loyale du côté des débris du vieux parti orléaniste,—resté le parti catholique-libéral,—qu'elle avait effectivement eu lieu entre Monsieur le Comte de Chambord et Monsieur le Comte de Paris.

Mais il était malheureusement loin d'en être ainsi.

Sous les dehors trompeurs de la sincérité et du désir de la Monarchie, on percevait déjà, au commencement d'octobre, chez quelques-uns, certaines réticences, certaines réserves, certains symptômes qui détonnaient singulièrement; tout cela était encore trop indéfini, trop vague, pour pouvoir être remarqué par la masse du public, mais n'était toutefois pas assez complètement dissimulé pour échapper à l'œil exercé du politique de profession.

La masse du public, nous le répétons, ne prit pas garde à ces symptômes; l'œil fixé sans relâche sur le but qui la préoccupait exclusivement, elle s'inquiétait fort peu, elle qui se donnait d'avance tout entière et sans condition au Roi, de ce que pouvait écrire tel ou tel journal, qui ne fût pas absolument orthodoxe.

Et pourtant c'étaient les insinuations criminelles et perfides de quelques méchants écrivailleurs, sortes d'ultramontains du Libéralisme, — car le Libéralisme a ses ultramontains, — qui devaient amener l'issue misérable de cette campagne.

Nous disions, il n'y a qu'un instant, qu'à notre avis, l'Assemblée n'aurait pas dû attendre jusqu'au 5 novembre pour se réunir : il lui était, en effet, plus facile d'anticiper que de retarder cette date.

Mais le Parlementarisme était là, qui n'entendait pas que la Monarchie se fît comme cela, tout d'un coup, sans qu'il eût eu le temps d'intervenir et de placer son mot, disons mieux, de placer... ses créatures.

On savait pouvoir compter d'avance sur 390 voix au moins pour rétablir la Monarchie, sans parler des voix hésitantes qui se seraient prononcées au dernier moment, pour n'être pas en retard afin de saluer le « fait accompli. »

Et l'on délibérait !

Ainsi le voulait le sacro-saint Parlementarisme, cet Allah terrible dont M. de Broglie est présentement le prophète...

O Parlementarisme, que voilà bien de tes coups ! Qu'importe, en vérité, selon toi, qu'un malade meure, s'il meurt selon les règles !...

Ce fut sur ces entrefaites qu'eut lieu l'entrevue de Salzbourg,

LE 14 OCTOBRE 1873

Parlant de cette entrevue, M. Edouard Hervé, du *Journal de Paris*, écrivait :

« L'entrevue de Froshdorf avait refait la famille royale ; — l'entrevue de Salzbourg a refait la Monarchie. »

Hélas ! les généreux efforts qui furent tentés à

cette date, par des hommes dont nous ne saurions suspecter le dévouement au pays et le royalisme éprouvé, ne devaient pas obtenir le résultat que ces hommes s'étaient proposé.

Quelques points noirs se formèrent à l'horizon, et une sorte d'incertitude, d'inquiétude instinctive, s'épandit dans les intelligences et dans les cœurs honnêtes.

Les royalistes clairvoyants pressentaient la félonie dans les équivoques semées à plaisir par une partie de la presse.

Pour ne pas encourir le reproche de diviser les forces conservatrices à la veille de la bataille, ceux qui auraient pu parler, pour faire cesser ces équivoques, se condamnèrent au silence par patriotisme.

Avaient-ils tort, eurent-ils raison? Il ne nous appartient pas ici de trancher la question de cette redoutable responsabilité.

Ce qu'il y a de certain, c'est que profitant, bassement et lâchement, de ce silence dont ils n'ignoraient pas le suprême motif, les journaux dont nous avons eu déjà l'occasion de signaler les manœuvres, ces *Français* de tout acabit et de toute nuance, qui représentent si tristement ce qu'on pourrait appeler l'hermaphroditisme politique, ces journaux redoublèrent de duplicité et d'amplifications calculées.

Hier, ils disaient que le Roi acceptait le drapeau tricolore; aujourd'hui ils affirmaient qu'il l'avait accepté.

Ils savaient que c'était faux, ils savaient, après avoir avancé cela, qu'ils en avaient menti, menti à Dieu, au Roi, et au pays.

Ils le disaient néanmoins, ils l'écrivaient, ils l'imprimaient...

Et ce n'était pas, comme ils ont cherché à le faire croire depuis, parce qu'ils désiraient obtenir des garanties du Roi, parce qu'ils se méfiaient de son libéralisme ou de sa droiture ; non, telles n'étaient point leurs craintes.

Ces contrefaçons de royalistes connaissaient aussi bien que nous la sincérité du large programme offert par Monsieur le Comte de Chambord; ce n'était donc pas ce souci qui leur faisait commettre de gaîté de cœur l'horrible trahison que nous avons le devoir de flétrir.

Etait-ce alors attachement véritable à cet étendard dont les trophées ornent aujourd'hui les temples et les palais de Berlin ?

Pas davantage.

En poursuivant leur campagne du drapeau tricolore, les implacables tenants de 1830 avaient un double but :

Ou forcer M. le Comte de Chambord à repousser avec éclat, une fois de plus, le drapeau qui avait flotté sur l'échafaud de Louis XVI, et profiter de cet éclat pour déclarer de nouveau le Roi impossible.

Ou le contraindre à l'accepter, et alors, une fois cette *concession* obtenue, en arracher d'autres, de façon à arriver, de concessions en concessions, jusqu'à l'abdication sinon nominale, au moins effective; le réduire en un mot au rôle de souverain constitutionnel, en faire un Priape de carton, régnant sans gouverner, un pastiche de Louis-Philippe, un prince auquel, lorsqu'il aurait demandé: Qui t'a fait comte? on fût en droit de répondre : Qui t'a fait Roi?

Nous ne sommes pas de ceux qui disent qu'Henri V aurait dû mépriser ces tentatives, arriver sur le trône sans en tenir compte, quitte ensuite à en faire bonne et prompte justice.

Il a pu se trouver, nous le savons, même de nos amis politiques, pour penser que cela était licite; nous affirmons qu'ils n'auraient pas osé l'aller dire au Roi.

Non, cent fois non, la Monarchie traditionnelle et héréditaire ne devait pas rentrer en France à la faveur d'une équivoque, non, elle ne pouvait pas arriver de nuit; comme un voleur, par une porte dérobée.

Ce sont là jeux de Bonaparte ou de Gambetta.

La Monarchie légitime n'a le droit de revenir

en France qu'au grand jour, par la grande porte,
et le front haut, comme il convient à un père qui
rentre dans sa maison, après en avoir été chassé
et tenu éloigné par des fils égarés et ingrats.

Monsieur le Comte de Chambord l'avait compris et le savait mieux que personne.

Il avait compris qu'inaugurer son règne en dé-
chirant un de ses plus beaux manifestes, en re-
niant une de ses plus solennelles paroles, c'était
se livrer infailliblement et à courte échéance à
l'impuissance d'abord, et ensuite à la Révolution.

D'ailleurs nous aurions pu quitter ce souci, si
tant est qu'il nous fût jamais venu à la pensée :
quand il s'agit d'honneur, — que ce soit de l'honneur particulier du Roi ou de l'honneur national,
— et que la garde en est confiée à Henri V, on
doit être et on est tranquille.

C'est pourquoi, au moment même où il n'avait
qu'à se présenter pour être acclamé Roi de France au milieu des transports de l'allégresse géné-
rale, M. le Comte de Chambord eut le courage
surhumain, l'héroïsme inouï de savoir résister à
cette tentation magique, éblouissante. Pourquoi?
parce que cette couronne il la lui fallait acheter
au prix d'une équivoque.

Placé entre son devoir et le désir, pourtant
bien légitime, de combler les vœux les plus ar-
dents de la nation, Henri V n'hésita pas.

C'est alors qu'éclata comme un coup de tonnerre, — le tonnerre du Sinaï, — la

LETTRE DE MONSIEUR LE COMTE DE CHAMBORD
A M. CHESNELONG

Il nous faut reproduire ici ce chef-d'œuvre de grandeur royale, d'honnêteté et de franchise, ce cri sublime du cœur d'un Bourbon, qui veille avec un soin jaloux à la garde de son honneur, parce que cet honneur est un héritage national dont il a le dépôt et parce qu'en même temps cet honneur est la première des prérogatives du Roi.

Oui, nous voulons l'imprimer ici cette Lettre, et nous prions ceux, sous les yeux de qui tomberont ces lignes, de la relire à tête reposée, maintenant que l'alerte du premier moment s'est évanouie.

S'ils font cette lecture de bonne foi, et s'ils s'engagent à nous répondre sincèrement, nous les défions, nous défions tout honnête homme, à quelque parti honnête qu'il appartienne, de dire que, — étant donné la nécessité imposée au Roi de parler, ce que nous avons prouvé tout-à-l'heure, — le Roi pouvait le faire autrement qu'en ces termes :

Salzbourg, 27 octobre 1873.

J'ai conservé, Monsieur, de votre visite à Salzbourg un si bon souvenir, j'ai conçu pour votre noble caractère une si profonde estime, que je n'hésite pas à m'adresser loyalement à vous, comme vous êtes venu vous-même loyalement vers moi.

Vous m'avez entretenu, durant de longues heures, des destinées de notre chère et bien-aimée patrie, et je sais qu'au retour, vous avez prononcé, au milieu de vos collègues, des paroles qui vous vaudront mon éternelle reconnaissance. Je vous remercie d'avoir si bien compris les angoisses de mon âme et de n'avoir rien caché de l'inébranlable fermeté de mes intentions.

Aussi ne me suis-je point ému quand l'opinion publique, emportée par un courant que je déplore, a prétendu que je consentais enfin à devenir le Roi légitime de la Révolution. J'avais pour garant le témoignage d'un homme de cœur, et j'étais résolu à garder le silence tant qu'on ne me forcerait pas à faire appel à votre loyauté.

Mais puisque, malgré vos efforts, les malentendus s'accumulent, cherchant à rendre obscure ma politique à ciel ouvert, je dois toute la vérité à ce pays dont je puis être méconnu, mais qui rend hommage à ma sincérité, parce qu'il sait que je ne l'ai jamais trompé et que je ne le tromperai jamais.

On me demande aujourd'hui le sacrifice de mon honneur. Que puis-je répondre? sinon que je ne rétracte rien, que je ne retranche rien de mes précédentes déclarations. Les prétentions de la veille me donnent la mesure des exigences du lendemain, et je ne puis consentir à inaugurer un règne réparateur et fort par un acte de faiblesse.

Il est de mode, vous le savez, d'opposer à la fermeté d'Henri V l'habileté d'Henri IV. « La *violente* amour que je porte à mes sujets, disait-il souvent, me rend tout possible et honorable. »

. Je prétends, sur ce point, ne lui céder en rien, mais je voudrais bien savoir quelle leçon se fût attiré l'imprudent assez osé pour lui persuader de renier l'étendard d'Arques et d'Ivry.

Vous appartenez, Monsieur, à la province qui l'a vu naître, et vous serez, comme moi, d'avis qu'il eût promptement désarmé son interlocuteur, en lui disant avec sa verve béarnaise : « Mon ami, prenez mon drapeau blanc, il vous conduira toujours au chemin de l'honneur et de la victoire. »

On m'accuse de ne pas tenir en assez haute estime la

valeur de nos soldats, et cela au moment où je n'aspire qu'à leur confier tout ce que j'ai de plus cher. On oublie donc que l'honneur est le patrimoine commun de la Maison de Bourbon et de l'armée française, et que, sur ce terrain-là, on ne peut manquer de s'entendre ! Non, je ne méconnais aucune des gloires de ma patrie, et Dieu seul, au fond de mon exil, a vu couler mes larmes de reconnaissance toutes les fois que, dans la bonne ou la mauvaise fortune, les enfants de la France se sont montrés dignes d'elle.

Mais nous avons ensemble une grande œuvre à accomplir. Je suis prêt, tout prêt à l'entreprendre, quand on le voudra, dès demain, dès ce soir, dès ce moment. C'est pourquoi je veux rester tout entier ce que je suis. Amoindri aujourd'hui, je serais impuissant demain.

Il ne s'agit de rien moins que de reconstituer sur ses bases naturelles une société profondément troublée, d'assurer avec énergie le règne de la loi, de faire renaître la prospérité au dedans, de contracter au dehors des alliances durables, et surtout de ne pas craindre d'employer la force au service de l'ordre et de la justice.

On parle de conditions. M'en a-t-il posé ce jeune prince, dont j'ai ressenti avec tant de bonheur la loyale étreinte, et qui, n'écoutant que son patriotisme, venait spontanément à moi, m'apportant, au nom de tous les siens, des assurances de paix, de dévouement et de réconciliation ?

On veut des garanties ; en a-t-on demandé à ce Bayard des temps modernes, dans cette nuit mémorable du 24 mai, où l'on imposait à sa modestie la glorieuse mission de calmer son pays par une de ces paroles d'honnête homme et de soldat, qui rassurent les bons et font trembler les méchants ?

Je n'ai pas, c'est vrai, porté comme lui l'épée de la France sur vingt champs de bataille, mais j'ai conservé intact, pendant quarante-trois ans, le dépôt sacré de nos traditions et de nos libertés. J'ai donc le droit de compter sur la même confiance et je dois inspirer la même sécurité.

Ma personne n'est rien : mon principe est tout. La France verra la fin de ses épreuves quand elle voudra le comprendre. Je suis le pilote nécessaire, le seul capable de conduire le navire au port, parce que j'ai mission et autorité pour cela.

Vous pouvez beaucoup, Monsieur, pour dissiper les malentendus et arrêter les défaillances à l'heure de la lutte. Vos consolantes paroles, en quittant Salzbourg, sont sans cesse présentes à ma pensée : la France ne peut pas périr, car le Christ aime encore ses Francs, et lorsque Dieu a résolu de sauver un peuple, il veille à ce que le sceptre de la Justice ne soit remis qu'en des mains assez fermes pour le porter.

HENRI.

Une seule classe d'hommes put lire cette Lettre sans sentir ses yeux se mouiller de larmes ou sans éprouver de l'admiration, et cette classe de citoyens ne fut ni celle des républicains, ni même celle des bonapartistes, ce furent les machinateurs des manœuvres de la veille, ce furent des soldats que nous avions accueillis dans nos rangs à bras ouverts, ce furent les hérauts du Libéralisme, les héritiers de 1830, les hommes du drapeau tricolore.

Dès le lendemain du jour où parut la Lettre de M. le Comte de Chambord à M. Chesnelong, la volte-face fut opérée par eux sans fard et sans déguisement.

« Le Roi est impossible! Le Roi s'est suicidé! Le Roi vient de s'ensevelir dans les plis du drapeau blanc! Avisons d'un autre côté! »

Tel fut le cri sacrilége que poussèrent ces hommes au milieu de quelques regrets hypocrites jetés sur ce qu'ils appelaient la tombe de la Monarchie.

Insensés, qui croyaient qu'on enterre comme cela un principe! Criminels, qui devaient porter dans les rangs du parti royaliste-conservateur le trouble funeste dont fut suivie la Lettre du 27 octobre!

Nous espérâmes un moment, à cette époque, que le pays aurait assez de bon sens pour résister à ce cri dissolvant, à ce mot d'ordre de la haine.

Oui, sans doute, le vrai peuple, celui que n'a pas corrompu le contact des roueries parlementaires, celui-là ne comprit rien à cette honteuse débandade.

Loin de l'étonner, la Lettre du Roi l'avait conquis davantage à ce ferme et noble caractère.

Et à la déclaration royale de Salzbourg, le vieux bon sens français avait répondu : « Voilà un homme! »

Oui, c'était un homme, *vir justus*, celui qui tenait un pareil langage!

Mais la voix de l'intrigue devait, cette fois encore, étouffer celle du bon sens.

Les yeux de la foule, trop faibles pour supporter l'éclat de cette rayonnante grandeur, se fermèrent éblouis.

Ce qui aurait précisément dû faire acclamer le Roi fut cause qu'on le repoussa.

C'est alors que les rares hommes de cœur restés debout assistèrent à l'affligeant spectacle de la déroute qui se produisit à peu près de toutes parts.

Autant un moment l'espérance avait été vive, l'enthousiasme bruyant, autant tout d'un coup l'affaissement, le désarroi se firent profonds, même chez les meilleurs...

Un exemple entre mille :

Quelques jours avant la Lettre du 27 octobre, un député de notre connaissance, s'embarquant pour Versailles, disait à un de ses amis :

« Tenez pour certain que cette fois nous ne reculerons pas et que nous ferons carrément notre devoir. Pour mon compte, je ne rentrerai ici qu'avec la Monarchie ou sans ma tête! »

La Monarchie n'a pas été faite, et le député dont il s'agit continue à porter sur ses épaules la plus sémillante tête qu'il soit possible de voir.

Nous croyons même qu'il serait au moins imprudent d'aller lui réclamer l'accomplissement de sa promesse.

III

Pourquoi la Restauration monarchique continue à ne pas se faire

LE VOTE DU 20 NOVEMBRE 1873

A la rigueur, la date que nous venons d'écrire suffirait à fournir le *pourquoi* de ce chapitre, si cependant quelques mots d'explication ne nous paraissaient pas nécessaires, surtout en un sujet aussi controversé et aussi discuté que l'est celui de la prorogation des pouvoirs.

Pendant qu'au 20 novembre le pays, revenu d'un moment de surprise, continuait à dire à l'Assemblée, sous la forme d'un vaste et spontané pétitionnement : « On veut le Roi ! » — pendant que le Roi lui-même, fidèle à sa parole : — « Je suis prêt quand on le voudra, dès demain, dès ce soir, dès ce moment, » — résidait à Versailles, à quelques pas de l'enceinte où ses amis délibéraient, que se passait-il dans cette enceinte ?

Il s'y passait ce que l'on sait, dans la nuit du 19 au 20 novembre...

Ah! le Centre-Droit, ce groupe d'ambitieux et d'importants où l'on retrouverait certainement l'intrigue si elle venait à s'éloigner du reste du monde politique, — le Centre-Droit tenait la Droite trop solidement enserrée dans ses filets pour la laisser échapper facilement.

— Vous voyez, disait-il à nos amis, que la Monarchie est impossible, au moins pour le moment! Si vous voulez faire obstacle au radicalisme qui va nous déborder, ralliez-vous à nous, sans quoi tout est perdu.

Et la Droite, au lieu de répondre : — Mais non, la Monarchie n'est pas impossible! vous nous appelez à vous, pourquoi ne pas rester vous-mêmes dans nos rangs pour faire de conserve la Restauration? — la Droite, toujours trop aisément accessible au grand mot de patriotisme prononcé à tort ou à raison, la Droite faiblit et vint au Centre-Droit.

On nous dira que si la Droite avait refusé, le Centre-Droit eût été capable de se rallier à la République en haine de la Monarchie.

Nous ne ferons pas aux membres de ce groupe parlementaire la suprême injure de croire que cette résolution ait pu hanter leurs cerveaux une seule seconde.

Mais, à tout prendre, même au cas où cette résolution eût existé, même au cas où le Centre-Droit l'eût mise à exécution, est-ce que la crise, qui aurait éclaté alors, n'éclatera pas infailliblement un peu plus tôt ou un peu plus tard ?.

En définitive, pour envisager la question, telle qu'elle fut posée et résolue dans la nuit du 19 au 20 novembre, la Droite commit-elle, OUI ou NON, une faute, en votant la prorogation des pouvoirs pour sept ans ?

Tout en nous inclinant devant sa décision, nous n'hésitons pas à répondre : OUI.

De deux choses l'une, en effet : ou le vote de la prorogation était sincère, et alors c'était fermer sans retour, pour sept ans, la porte au Roi.

Ou le vote cachait une arrière-pensée, et en ce cas il manquait de sincérité.

Dans les deux hypothèses, n'eût-il pas mieux valu rester purement et simplement dans le *statu quo*, en attendant que la bourrasque fût passée ?

Nous savons bien, grâce aux logiques et loyales explications de M. Lucien Brun, que le pouvoir voté le 20 novembre est indissolublement et exclusivement lié à la personne du maréchal.

Nous savons aussi que l'Assemblée a toujours le droit de revenir sur un de ses votes, — ainsi qu'elle l'a prouvé en renversant M. Thiers.

Mais, outre que de tels procédés sont dangereux et peuvent être retournés, à un moment donné, contre ceux-là mêmes qui en ont montré l'exemple, on conviendra avec nous qu'en maintenant le *statu quo* au 20 novembre, sans fabriquer pour cela des décrets à échéance fixe, l'Assemblée aurait conservé bien plus entière sa liberté d'action.

Pourquoi donc, à l'heure qu'il est, la Monarchie continue-t-elle à ne pas se faire?

Parce qu'humainement il faudrait que se produisît pour cela l'une ou l'autre de ces deux éventualités : la démission ou la mort du Maréchal.

Or, les royalistes, comme l'a dit M. Lucien Brun, ont trop peu l'habitude de « reprendre ce qu'ils ont donné » pour solliciter la première de ces deux éventualités; quant à la seconde, nous sommes d'un parti où on ne donne pas plus la mort qu'on ne la désire.

Il y a, actuellement, un autre obstacle matériel à la restauration de la Monarchie : c'est que ceux qui ont contribué à faire l'équivoque où nous nous débattons ont tout intérêt à nous y maintenir.

Pour plusieurs, la Restauration monarchique serait la fin d'un pouvoir longtemps envié et enfin obtenu ; or, pour ceux-là, un pouvoir même éphémère, un pouvoir même au jour le jour et sans lendemain assuré, est bon à prendre et surtout à garder.

Aussi, hélas! que de Jules Simon il reste de par le monde, que de Jules Simon nous entendons s'écrier : Périsse la France plutôt que mon portefeuille !

La Monarchie est à la porte, elle frappe : Ouvrez, c'est la fortune de la France !

— La fortune de la France, c'est possible, répondent ces Jules Simon. Mais la nôtre est de ne pas ouvrir : nous n'ouvrons pas.

IV

Pourquoi la Monarchie se fera

Nous sommes arrivé à la dernière partie de notre tâche : après avoir posé les prémisses, il nous reste à tirer les conclusions; besogne facile s'il en fût jamais, car ces conclusions se dégagent d'elles-mêmes du rapide exposé historique que nous venons de tracer.

Nous avons démontré pourquoi la Restauration monarchique ne s'était pas faite en 1871, pourquoi elle ne s'était pas faite en 1873, et pourquoi elle continuait à ne pas se faire.

Ni blanc, ni rouge! telle est en quatre mots la définition du système politique auquel on a obéi depuis trois ans et que d'aucuns s'efforcent de perpétuer.

Grâce à ce système, nous nous trouvons aujourd'hui, selon une expression vulgaire mais juste, assis entre deux chaises, c'est-à-dire dans une position aussi incommode que peu solide et peu sûre.

Nous voyons une grande nation comme prise de vertige, qui va de droite et de gauche, donnant de la tête contre tous les angles, et se meurtrissant à toutes les pierres du chemin sans profit et sans gloire ; une nation qui vacille faute d'un soutien puissant, qui se débande faute d'un chef autorisé, qui agonise faute du médecin nécessaire ; — c'est-à-dire faute du Roi légitime.

Nous voyons une Assemblée réunissant tous les éléments désirables pour constituer et bien constituer, qui est morcelée en presqu'autant de fractions qu'elle compte d'hommes ; nous voyons une politique d'expédients et la stérilité régner aux lieu et place d'une politique à ciel ouvert et de la force.

Et qui donc pourrait réunir en un faisceau puissant toutes ces bonnes volontés, écarter les défaillances et les divisions, paralyser les intrigues, sinon le Roi légitime !

Nous voyons un commerce dans le marasme, des finances dans l'atonie, nous voyons une défiance et une incertitude égales étrangler dans leur berceau toutes les grandes transactions et les réduire presque à zéro.

Et qui donc pourrait ramener la confiance absente, l'activité disparue, sinon le Roi légitime dont la venue métamorphoserait, comme d'un coup de baguette, la léthargie que nous déplorons ?

Nous voyons des élections radicales, des Marcou, des Ledru-Rollin, surgir, à intervalles rapprochés et pour ainsi dire réguliers, pour signifier à l'Assemblée d'avoir à se dissoudre; nous voyons se dresser effrontément devant nous les revenants de 1848 et les apologistes de la Commune, et cela alors que les assassinats des otages et les incendies de 1871 n'ont pas encore trois ans de date !

Nous voyons des déportés s'enfuir, en narguant leurs geôliers, pour aller renforcer l'état-major d'une nouvelle Commune.

Nous voyons un parti qu'on croyait cloué à jamais dans le cercueil, un parti dont le front est est encore chaud du stigmate de trois invasions, de la perte de deux de nos plus belles provinces et de nombreux milliards, nous voyons ce parti pousser l'audace jusqu'à nous offrir de tenter l'aventure d'un quatrième Empire.

Nous assistons, enfin, au spectacle d'un affaissement épouvantable du sens moral, d'une confusion désespérante des notions du juste et de l'injuste dans un trop grand nombre d'esprits et d'intelligences.

Et qui donc, nous le demandons, qui donc pourrait opposer une barrière infranchissable, une digue suffisante au radicalisme et au bonanapartisme, qui donc pourrait ramener le règne

du bon sens, de la vérité et de la justice, sinon
« le pilote nécessaire, » sinon le Roi légitime !

Mais ce n'est pas tout; dans ce que nous venons de dire, il ne s'agit que de notre situation
intérieure; et à l'extérieur?

A l'extérieur, c'est le vainqueur d'hier qui continue à nous dicter des lois du fond de son palais
et dont il est défendu à nos journaux de médire;
— c'est de toutes parts un isolement dédaigneux
et significatif, une sorte de cordon sanitaire tracé
autour de nous comme autour d'une ville en proie
à un fléau épidémique; — c'est un vénérable
Captif, chef spirituel de l'immense majorité des
Français, que nous voyons insulté et persécuté,
et à qui nous marchandons un ambassadeur.

Un seul peuple est à nos portes avec lequel
nous sommes frères par la foi religieuse et politique, et que notre intérêt à défaut de notre cœur
devrait nous faire un devoir de soutenir, — et ce
sont nos chemins de fer, des chemins de fer français, qui servent à apporter aux ennemis de ce
peuple des canons pour l'empêcher de vaincre!...

Et l'on croit que si le Roi légitime était sur
le trône, les choses en iraient ainsi !

Vous savez bien le contraire, hommes pusilla-
nimes, qui vous cachez la tête sous une aile plus
ou moins septennaliste, croyant échapper au dan-
ger parce que vous vous efforcez de ne pas le voir!

Vous savez bien le contraire, vous aussi, aveugles, triples aveugles, qui ne vous inquiétez que de bien manger aujourd'hui, sans vous soucier de savoir, une fois repus, si vous ne serez pas mangés demain.

C'est que, voyez-vous, inopportunistes sempiternels qui prétendez vivre en bons rapports avec le Bien et avec le Mal, il arrive toujours un moment où, sous peine d'être écrasé entre l'un et l'autre, on est forcé de se ranger du côté de l'un ou du côté de l'autre.

BLANC OU ROUGE, TOUT BLANC OU TOUT ROUGE, — tel est le dilemme inéluctable auquel tôt ou tard la France se heurtera infailliblement.

On ne conduit pas longtemps un peuple comme le nôtre avec des demi-mesures, des demi-moyens, des demi-promesses, des demi-principes.

Et de même que si, momentanément, on peut obscurcir la lumière du soleil, on ne parvient pas finalement à éteindre le soleil lui-même; ainsi, pour la vérité, on réussit quelquefois, à force de ruses et de roueries, à la voiler, à retarder son heure, mais parvenir à la supprimer, jamais !

C'est pourquoi nous croyons fermement que la Monarchie se fera : elle se fera parce que Dieu ne peut pas permettre que la Fille aînée de l'Eglise finisse, et parce que la Monarchie seule est capable de sauver la France.

Par quelles voies arrivera cette solution nécessaire et quand aura-t-elle lieu? N'entrerons-nous
dans la Terre promise, comme les Hébreux, qu'a-
près avoir traversé la Mer Rouge, ou y parvien-
drons-nous sans plus de calamités? Nous con-
duira-t-on au Rouge en haine du Blanc, ou se
ralliera-t-on au Blanc par crainte du Rouge? En
un mot, aurons-nous le Blanc sans passer par le
Rouge, ou aurons-nous à subir le Rouge avant
d'obtenir le Blanc? — C'est le secret de Celui
« de qui relèvent tous les empires. »

Quant à nous, pour le quart-d'heure, nous
avouons humblement ne voir aucun moyen *humain*
capable de nous tirer de l'impasse où nous sommes
acculés.

Tout en ayant confiance dans le patriotisme de
l'Assemblée, tout en faisant fonds sur ces royalistes *pratiquants* dont les rangs sont devenus,
hélas! si clairs mais d'autant plus admirables et
d'autant plus glorieux, nous plaçons en définitive
notre suprême et dernier espoir en Dieu, en Dieu
seul: pour tout dire, nous sommes de ceux qui
n'espèrent qu'en un miracle.

« Toujours votre question du miracle! » nous
répondra peut-être encore une fois certain député
soi-disant catholique que nous entretenions, il y
a quelques mois, à Versailles, et qui crut nous
foudroyer par cette riposte.

Oui, toujours et plus que jamais ce que vous appelez « notre question du miracle. »

Croyez-vous, par exemple, ô mon honorable interlocuteur, que ce ne serait pas un miracle et un grand miracle, si des hommes de votre foi faisaient la Monarchie ?

Oui, toujours « notre question du miracle, » car il ne faut pas moins qu'un miracle pour nous retirer de l'abîme où nous gisons.

Et nous avons la confiance que ce miracle, c'est-à-dire la Monarchie, se fera : tant de prières répandues au pied de la Croix avec tant de larmes, depuis trois ans; tant de pieuses manifestations aux sanctuaires les plus vénérés de Marie, ne peuvent rester stériles.

Dieu aura enfin pitié de notre humiliation et nous sauvera comme malgré nous.

Et si quelque chose pouvait nous permettre d'entrevoir l'aurore prochaine de ce jour béni entre tous, ce seraient les paroles suivantes de Bossuet, par lesquelles nous ne saurions plus dignement terminer ces pages :

« Quand Dieu veut faire voir qu'un ouvrage
« est tout de sa main, il réduit tout à l'impuis-
« sance et au désespoir; puis il agit. »

FIN

CLERMONT

IMPRIMERIE CENTRALE (MENEBOODE), AVENUE CENTRALE, 8

30

www.ingramcontent.com/pod-product-compliance
Lightning Source LLC
LaVergne TN
LVHW021704080426
835510LV00011B/1576